Ballet des Couleurs

PARIS

Lixième

Pour mes sœurs, Astrid et Hortense.

Avec l'aimable accord du Moulin-Rouge.

10, rue des Arts – BP 38028
31080 Toulouse Cedex 6
ISBN : 978-2-7089-6243-9
Loi n° 49-956 du 16 juillet 1949 sur les publications destinées à la jeunesse, modifiée par la loi n° 2011-525 du 17 mai 2011.
Dépôt légal : juin 2016.
Photogravure : Ombre & Lumière (81).
Cet ouvrage a été achevé d'imprimer en octobre 2017
sur les presses de l'imprimerie PrintCorp (75).

Une aventure de
Violette Mirgue
Le Ballet des Couleurs à Paris

Marie-Constance Mallard

ÉDITIONS
Privat

Petits Rats de l'Opéra
CHORÉGRAPHIE
ACADÉMIE NA
TOUR EIFFEL
galeries pomponnettes

Ce matin, Violette Mirgue
et son ami Cluque arrivent à Paris
devant l'**Opéra Garnier**.
Rose, la cousine ballerine de Violette,
a une enquête à leur confier.

Dans la salle de répétition,
la danseuse est dans tous ses états :
– Chacripan a fait si peur aux danseurs
qu'ils se sont tous enfuis… Quel maudit chat !

Il faut les retrouver avant la représentation de ce soir !
– Ne t'inquiète pas Rose, la rassure Violette. Je vais t'aider.
En suivant les plumes de leurs tutus, nous ramènerons
tous les petits rats disparus !
– Tu as raison ! Commençons par les plumes rouges
de mon amie Coquelicot !

Les plumes mènent les souris
jusqu'au **Moulin-Rouge**.
Vois-tu Coquelicot ?

Oui ! La danseuse rouge est bien ici !
– Tu ne crains plus rien maintenant !
la réconforte Violette en l'entraînant.
Allons chercher la danseuse
au tutu blanc !

D'une plume à l'autre,
Violette et ses amis gravissent
la **butte Montmartre**.

Montmartre
Amélie
Poulain

Voilà la **basilique**
du Sacré-Cœur,
qu'elle est blanche !

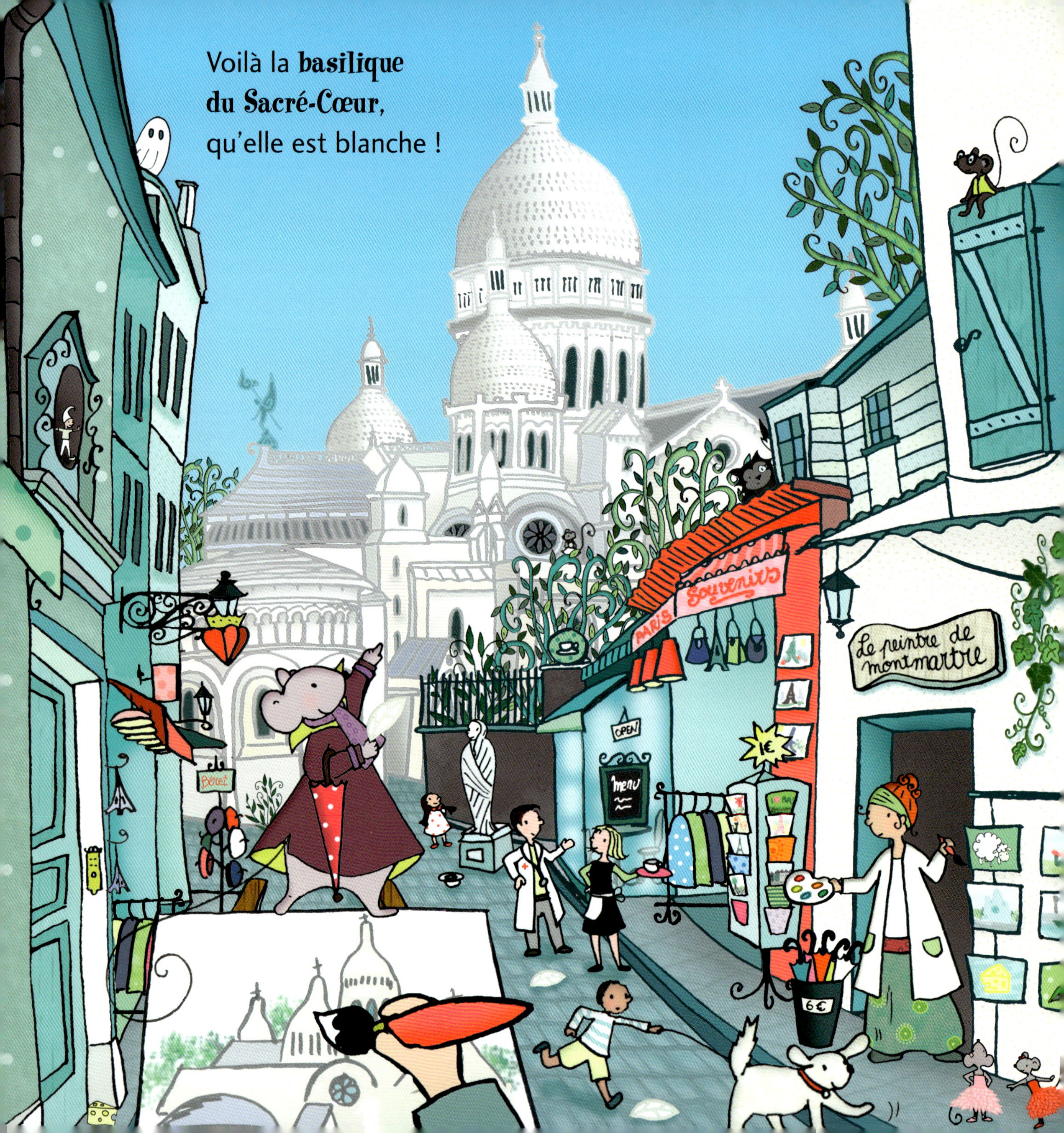

– Edelweiss, tu étais bien cachée !
Continuons à explorer le quartier…

Les souris trottinent dans les rues quand
elles repèrent enfin d'autres plumes de tutu !

– Capucine est ici… J'ai compris ! s'exclame Violette en trouvant la danseuse orange derrière le panneau orange. Pour trouver les danseurs, cherchons leur couleur !

Il est midi. Entre deux gargouillis,
Violette a un éclair de génie…
– Je connais quelque chose de jaune
qui attire les souris…

As-tu deviné ?

– Du FROMAGE, bien sûr !
Allons à l'endroit le plus fromageux de Paris !
Nom d'un souriceau, prenons ce **métro** !

Café de Paris
PLACE de la CONTRESCARPE
RUE MOUFFETARD
Au BON GREC
le petit Caviste
le Petit Caviste
AU BON GREC
Ici véritables macarons faits maison
Café de Paris
CARTE
BIERRAUBEURRE
CAFÉ - THÉ
CHOCOLAT
Pour les gourmets
produits du TERROIR
SPORTS
Stade toulousain vs Stade Français
ICI PARIS
Ballet Arc en Ciel

Quelques stations plus tard,
les souris sautillent jusqu'à
la **rue Mouffetard**.
– Regardez les amis,
dit Violette, les plumes jaunes
mènent à la fromagerie !

Mimosa a trouvé refuge sur un énorme morceau de gruyère.
– Viens vite, l'encourage la souris, l'heure tourne
et nous ne sommes toujours pas au complet !

Ni une ni deux, le petit danseur jaune obtempère !

Violette, Cluque, Rose, Coquelicot, Edelweiss, Capucine et Mimosa suivent maintenant les plumes vertes. En arrivant à la hauteur du **Panthéon**, Violette pense tout haut :

– Une danseuse verte voudrait sûrement se cacher dans un jardin… et je pense savoir lequel !

– Au **jardin du Luxembourg** !
poursuivent les souris
en chœur.

Mais où est Pimprenelle ?

Non loin du bassin, ses amis la retrouvent enfin !
La souris verte regarde un spectacle de marionnettes…

Vite ! Vite ! Vite !

Pressons-nous, il nous
en manque encore un !

L'après-midi est bien entamé
et Rose commence à se décourager :
– Où Bleuet peut-il bien se cacher ?
Il n'y a pas de mer à Paris…
Violette s'arrête.
– Rose, tu me donnes une idée !

– Mille misères de gruyère !
marmonne-t-elle en arrivant
sur les **quais de la Seine**.
Avec toute cette eau,
il nous faudrait un bateau !

Au pied de la **cathédrale Notre-Dame**,
Violette aperçoit Bleuet. Vaillamment,
elle s'élance sur son parapluie.

FLIC FLOC ! Attention de ne pas chavirer…
– Zut, flûte et tartiflette ! rouspète la souris.
Cette fripouille de matou nous a retrouvés aussi !

– Chacripan, ne recommence pas
à terroriser les danseurs ! le réprimande
Violette en montant sur le bateau.

– Pardon, répond
le chat tout penaud.
J'aime les regarder danser
depuis des années ! Si je me
suis approché autant,
c'est qu'avec l'âge je n'y vois
plus aussi bien qu'avant !

Violette reprend espoir :
– Si tu nous raccompagnais, nous aurions encore une chance d'arriver à temps pour le lever de rideau !

C'est ainsi qu'à la tombée de la nuit le chat noir traverse la cour du **Louvre** avec neuf souris sur son dos…

Saperlitutu ! Les petits rats sont revenus ! Devant Chacripan et Cluque au premier rang, le ballet des Couleurs peut commencer à l'heure.

Pour l'intrépide Violette Mirgue,
c'est en tenue de ballerine…

… que cette aventure haute
en couleur se termine !

Petit souriceau !
Toi qui aimes les jeux, ouvre bien les yeux !

Avais-tu remarqué que Chacripan nous avait suivis au fil des pages ?
Regarde bien et profites-en pour compter les morceaux de fromage !
Quant à ces coquins de farfadets colorés, sauras-tu les retrouver ?

Saperliviolette !
Je suis sûre que tu vas
y arriver !

Découvre aussi les autres aventures de Violette Mirgue !

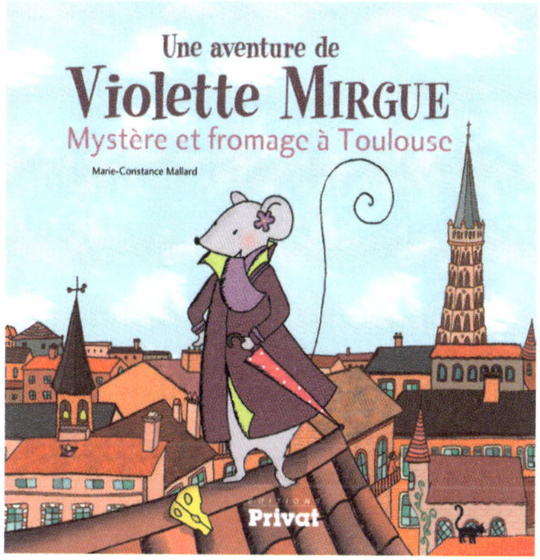

9 782708 962408
ISBN : 978-2-7089-6240-8
12,90 € - 32 pages

9 782708 962422
ISBN : 978-2-7089-6242-2
12,90 € - 32 pages

9 782708 962415
ISBN : 978-2-7089-6241-5
12,90 € - 32 pages

www.facebook.com/privat.violettemirgue

Télécharge gratuitement l'application
Violette Mirgue sur l'AppStore et Google Play.

Télécharger dans l'App Store

DISPONIBLE SUR Google play

Première
Deuxième
Troisième
Quatrième
Cinquième
Fluctuat Nec Mergitur